清・吴敬梓著

儒林外史

一册

黄山書社

E版編目（ＣＩＰ）數據

卜史 /（清）吴敬梓著 .-- 影印本 .-- 合肥 : 黄山書社 , 2012.2

978-7-5461-2661-6

儒… Ⅱ . ①吴… Ⅲ . ①章回小説 – 中國 – 清代
242.4
坂本圖書館 CIP 數據核字 (2012) 第 016300 號

ISBN 978-7-5461-2661-6

9 787546 126616 >

儒林外史

責任編輯／趙國華　湯吟菲
責任印制／李曉明
出版發行／黄山書社
社　　址／合肥市政務文化新區翡翠路一一一八號出版傳媒廣場
印　　刷／揚州文津閣古籍印務有限公司
經　　銷／新華書店
開　　本／七〇〇×一六〇〇毫米　八開
印　　張／九四九筒頁
版　　次／二〇一二年五月第一版第一次印刷
標準書號／ISBN 978-7-5461-2661-6

出版説明

《儒林外史》清吴敬梓撰。敬梓字敏軒，一字文木，晚年又號秦淮寓客。生于康熙四十年（一七〇一）夏，卒于乾隆十九年（一七五四）冬，有年五十四。原籍浙江東甌（今温州），因其先人吴聰建立軍功，遷至江蘇江寧府六合縣。歷經數世之後，又遷至安徽全椒，遂爲全椒人。

吴敬梓功名不遇，又迭遭變故。自康熙五十七年（一七一八）十八歲進學後，屢經考試，皆鎩羽而歸。乾隆元年（一七三六）被薦應博學鴻詞科試，于參加地方預試之後，因病未赴廷試，因此終其一生衹是一名秀才。敬梓十三歲喪母，十八歲和二十三歲時，生父雯延和嗣父霖起先後病故，族人争奪遺産，家道遂告中落。不數年，妻子陶氏又病逝。吴敬梓生性傲岸，不容于全椒士紳，乃于雍正十一年（一七三三）三十三歲時，忿而離開故土，移家南京秦淮水亭。在南京，與四方文士相往還，聲名漸著。不久，因生計無著，出遊四方，依人作客。乾隆十九年（一七五四）冬，病逝揚州，由其戚友金兆燕經營喪事，將棺木運回南京安葬。

吴敬梓所作除《儒林外史》外，還有不少詩文，今傳于世者有

（一七四八）至十五年（一七五〇）間，已大體完稿。程晉芳在這幾年間寫的《懷人詩》第十六首『全椒吳敬梓』詩中就明説：『《外史》紀儒林，刻畫何工妍。吾爲斯人悲，竟以稗説傳。』（《勉行堂詩集》卷二）不過，其時尚未付梓。直到乾隆三十五年（一七七〇）、三十六年（一七七一），即吳敬梓去世十六七年後，也還没有刻本問世，目前見諸記載的最早刊刻時間，似在乾隆三十七年（一七七二）至乾隆四十四年（一七七九）之際。同治八年（一八六九）蘇州群玉齋本《儒林外史》中載有金和所作跋文，説『是書爲全椒金棕亭先生官揚州府教授時梓以行世，自後揚州書肆刻本非一』。按，金棕亭即金兆燕，其任揚州府學教授始自乾隆三十三年（一七六八），止于乾隆四十四年（一七七九），而在乾隆三十六年（一七七一）前後寫成的《文木先生傳》中仍未提及有刻本行世。因此如果金兆燕確實刊刻過《儒林外史》，則當在乾隆三十七年以後至乾隆四十四年之間。但金兆燕這一刻本，至今未曾發現。金和所記，是否可信，尚待研究。

關于《儒林外史》的回數，見諸記載的有五十回本、五十五回本、五十六回本、六十回本。然見及最早，刊刻既多，流傳亦廣的刻本當爲五十六回本。《中國古籍善本書目》著録有三種版本，其

豐四年（一八五四）前滂喜齋抄本、同治十三年（一八七四）九月，上海申報館第一次排印活字本等，均以嘉慶八年的卧閑草堂本爲底本。

《儒林外史》與前此的我國古代通俗小説不同，它没有貫穿始終的情節，也没有總綰全書的人物。誠如魯迅所説『全書無主幹，僅驅使各種人物，行列而來，事與其來俱起，亦與其去俱訖』（《中國小説史略》）。作者塑造了衆多的人物（朱一玄《儒林外史人物表》列舉六百三十一人），描寫了許多精彩的故事，反映了清代初期知識分子的生活狀况和他們的心理態勢。

本書選用天津圖書館藏清嘉慶八年卧閑草堂本爲底本，按是書每半頁九行行十八字，白口，四周單邊間左右雙邊，單黑魚尾。原書高十六点五厘米，寬十一厘米，版框高十二点七厘米，寬九点五厘米，巾箱本。黄山書社依原書影印出版。

嘉慶八年新鐫

儒林外史

卧閑草堂藏板

儒林外史序

古今稗官野史不下數百千種而三國志西遊記水滸傳及金瓶梅演義世稱四大奇書人人樂得而觀之余竊有疑焉稗官為史之支流善讀稗官者可進于史故其為書

亦必善善惡惡俾讀者有所觀感戒懼而風俗人心庶以維持不壞也西遊元虛荒渺論者謂為談道之書所云意馬心猿金公木母大柢心即是佛之旨予弗敢知三國不盡合正史而就中魏晉代禪依樣葫蘆

天道循環可為篡弒者鑒其他寫与
吳所以廢興存亡之故亦具可發人
深省予何敢厚非至水滸金瓶梅
誨盜誨淫久干例禁乃言者津津
誇其章法之奇用筆之妙且謂
其摹寫人物事故即家常日用

米塩瑣屑皆各窮神盡相畫
工化工合為一手從来稗官無有
出其右者嗚乎其未見儒林外史
一書乎夫曰外史原不自居正史之
列也曰儒林迥異元虛荒渺之談
也其書以功名富貴為一篇之骨

有心豔功名富貴而媚人下人者有倚仗功名富貴而驕人傲人者有假托無意功名富貴自以爲高被人看破恥笑者終乃以辭却功名富貴另地窮上一層爲中流砥柱篇中所載之人不可枚舉而其人之

性情心術一一活現紙上讀之者無論是何人亦無不可取以自鏡傳之善者感發人之善心惡者懲創人之逸志是書有焉甚矣有水滸金瓶梅之筆之才而非若水滸金瓶梅之設爲風俗人心之害也則與其

讀水滸金瓶梅無寧讀儒林外史
世有善讀稗官者當不河漢予言
也夫

乾隆元年春二月閑齋老人序

儒林外史全傳目錄

儒林外史第一回

說楔子數陳大義　借名流隱括全文

人生南北多岐路將相神仙也要凡人做百代興亡朝復暮江風吹倒前朝樹功名富貴無憑據費盡心情總把流光誤濁酒三杯沈醉去水流花謝知何處這一首詞也是个老生常談不過說人生富貴功名是身外之物但世人一見了功名便捨著性命去求他及至到手之後味同嚼蠟自古及今那一个是看得破的雖然如此說元朝末年也曾出了一個嶔崎磊落的人這人姓王名冕在諸暨縣鄉村裏住七歲上死了父親他母親做些針指供給他到村學堂裏去讀書看看三个年頭王冕已是十歲了母親喚他到面前來說道兒阿不是我有心要耽誤你只因你父親亡後我一个寡婦人家只有出去的沒有進來的年歲不好柴米又貴這幾件舊衣服和些舊傢伙當的當了賣的賣了只靠著我替人家做些針指生活尋來的錢如何供

顆

得你讀書如今沒奈何把你僱在間壁人家放牛每月可以得他幾錢銀子你又有現成飯喫只在明日就要去了王冕道娘說的是我在學堂裏坐著心裏也悶不如往他家放牛倒快活些假如我要讀書依舊可以帶幾本去讀當夜商議定了第二日母親同他到間壁秦老家秦老留著他母子兩个喫了早飯牽出一條水牛來交與王冕指著門外道就在我這大門過去兩箭之地便是七泖湖湖邊一帶綠草各家的牛都在那裡打睡又有幾十棵合抱的垂楊樹十分陰涼牛要渴了就在湖邊上飲水小哥你只在這一帶頑耍不必遠去我老漢每日兩餐小菜飯是不少的每日早上還折兩个錢與你買點心吃只是百事勤謹些休嫌怠慢他母親謝了擾要回家去王冕送出門來母親替他理理衣服口裏說道你在此須要小心休惹人說不是早出晚歸免我懸望王冕應諾母親含着兩眼眼淚去了王冕自此只在秦家放牛每到

黄昏回家跟着母親歇宿或遇秦家煮些醃魚臘肉給他喫他便拏塊荷葉包了來家遞與母親每日點心錢他也不買了聚到一兩个月便偷个空走到村學堂裏見那闖學堂的書客就買幾本舊書日逐把牛拴了坐在柳陰樹下看彈指又過了三四年王冕看書心下也著實明白了那日正是黄梅時候天氣煩躁王冕放牛倦了在綠草地上坐著須臾濃雲密布一陣大雨過了那黑雲邊上鑲著白雲漸漸散去透出一派日光來照耀得滿湖通紅湖邊上山青一塊紫一塊綠一塊樹枝上都像水洗過一番的尤其綠得可愛湖裡有十來枝荷花苞子上清水滴滴荷葉上水珠滾來滾去王冕看了一回心裏想道古人說人在畫圖中其實不錯可惜我這裏没有一个畫工把這荷花畫他幾枝也覺有趣又心裏想道天下那有个學不會的事我何不自畫他幾枝正存想間只見遠遠的一个夯漢挑了一担食盒來手裏提着一瓶酒

食盒上掛著一塊毡條來到柳樹下將氊鋪了
食盒打開那邊走過三个人來頭帶方巾一个
穿寶藍夾紗直裰兩人穿元色直裰都有四五
十歲光景手搖白紙扇緩步而來那穿寶藍直
裰的是个胖子來到樹下尊那穿元色的一个
鬍子坐在上面那一个瘦子坐在對席他想是
主人了坐在下面把酒來斟吃了一回那胖子
開口道危老先生回來了新買了住宅比京裏
鐘樓街的房子還大些值得二千兩銀子因老
先生要買房主人讓了幾十兩銀賣了圖个名
望體面前月初十搬家太尊縣父母都親自到
門來賀留著吃酒到二三更天街上的人那一
个不敬那瘦子道縣尊是壬午舉人乃危老先
生門生這是該來賀的那胖子道做親家也是
危老先生門生而今在河南做知縣前日小婿
來家帶二斤乾鹿肉來見惠這一盤就是了這
一回小婿再去托做親家寫一封字來去晉謁
晉謁危老先生他若肯下鄉回拜也免得這些

鄉戶人家放了驢和猪在你我田裏吃粮食那瘦子道危老先生要算一个學者了那鬍子說道聽見前日出京時皇上親自送出城外攜著手走了十幾步危老先生再三打躬辭了方纔上轎回去看這光景莫不是就要做官三人你一句我一句說个不了王冕見天色晚了牽了牛回去自此聚的錢不買書了託人向城裏買些胭脂鉛粉之類學畫荷花初時畫得不好畫到三个月之後那荷花精神顏色無一不像只多著一張紙就像是湖裏長的又像纔從湖裏摘下來貼在紙上的鄉間人見畫得好也有拏錢來買的王冕得了錢買些好東好西孝敬母親一傳兩兩傳三諸暨一縣都曉得是一个畫沒骨花卉的名筆爭著來買到了十七八歲不在秦家了每日畫幾筆畫讀古人的詩文漸漸不愁衣食母親心裏歡喜這王冕天性聰明年紀不滿二十歲就把那天文地理經史上的大學問無一不貫通但他性情不同既不求官爵

又不交納朋友終日閉戶讀書又在楚辭圖上看見畫的屈原衣冠他便自造一頂極高的帽子一件極濶的衣服遇著花明柳媚的時節把一乘牛車載了母親他便戴了高帽穿了濶衣執著鞭子口裏唱著歌曲在鄉村鎮上以及湖邊到處頑耍惹的鄉下孩子們三五成羣跟著他笑他也不放在意下只有隔壁秦老雖然務農却是个有意思的人因自小看見他長大如此不俗所以敬他愛他時時和他親熱邀在草

堂裏坐著說話兒一日正和秦老坐著只見外邊走進一个人來頭帶瓦楞帽身穿青布衣服秦老迎接敘禮坐下這人姓翟是諸暨縣一个頭役又是買辦因秦老的兒子秦大漢拜在他名下叫他乾爺所以常時下鄉來看親家秦老慌忙叫兒子烹茶殺雞煮肉欵留他就要王冕相陪彼此道過姓名那翟買辦道這位王相公可就是會畫沒骨花的麼秦老道便是了親家你怎得知道翟買辦道縣裏人那个不曉得因

前日本縣老爺吩咐要畫二十四副花卉册頁送上司此事交在我身上我聞有王相公的大名故此一徑來尋親家今日有緣遇著王相公是必費心大筆畫一畫在下半个月後下鄉來取老爺少不得還有幾兩潤筆的銀子一併送來秦老在傍著實攛掇王冕屈不過秦老的情只得應諾了回家用心用意畫了二十四副花卉都題了詩在上面翟頭役稟過了本官那知縣時仁發出二十四兩銀子來翟買辦扣尅了

十二兩只拏十二兩銀子送與王冕將册頁取去時知縣又辦了幾樣禮物送與危素作候問之禮危素受了禮物只把這本册頁看了又看愛玩不忍釋手次日備了一席酒請時知縣來家致謝當下寒暄已畢酒過數巡危素道前日承老父臺所惠册頁花卉還是古人的呢還是現在人畫的時知縣不敢隱瞞便道這就是門生治下一个鄉下農民叫做王冕年紀也不甚大想是纔學畫幾筆難入老師的法眼危素歎

道我學生出門久了故鄉有如此賢士竟坐不
知可爲慚愧此兒不但才高胸中見識大是不
同將來名位不在你我之下不知老父臺可以
約他來此相會一會麽時知縣道這个何難門
生出去即遣人相約他聽見老師相愛自然喜
出望外了說罷辭了危素回到衙門差翟買辦
持个侍生帖子去約王冕翟買辦飛奔下鄉到
秦老家邀王冕過來一五一十向他說了王冕
笑道却是起動頭翁上覆縣主老爺說王冕乃

一介農夫不敢求見這尊帖也不敢領翟買辦
變了臉道老爺將帖請人誰敢不去況這件事
原是我照顧你的不然老爺如何得知你會畫
花論理見過老爺還該重重的謝我一謝纔是
如何走到這裡茶也不見你一杯却是推三阻
四不肯去見是何道理叫我如何去回覆得老
爺難道老爺一縣之主叫不動一个百姓麽王
冕道頭翁你有所不知假如我爲了事老爺拏
票子傳我我怎敢不去如今將帖來請原是不

逼迫我的意思了我不願去老爺也可以相諒翟買辦道你這都說的是甚麽話票子傳着倒要去帖子請著倒不去這不是不識抬舉了秦老勸道王相公也罷老爺拿帖子請你自然是好意你同親家去走一回罷自古道滅門的知縣你和他拗些甚麼王冕道秦老爹頭翁不知你是聽見我說過的不見那段干木泄柳的故事麼我是不願去的翟買辦道你這是難題目與我做叫拏甚麼話去回老爺秦老道這个果

然也是兩難若要去時王相公又不肯若要不去親家又難回話我如今倒有一法親家回縣裏不要說王相公不肯只說他抱病在家不能就來一兩日間好了就到翟買辦道害病句就要取四鄰的甘結彼此爭論了一番秦老整治晚飯與他吃了又暗叫了王冕出去問母親秤了三錢二分銀子送與翟買辦做差錢方纔應諾去了回覆知縣知縣心裏想道這小厮那裏害甚麼病想是翟家這奴才走下鄉狐假虎威

着實恐嚇了他一場他從來不曾見過官府的人害怕不敢來了老師既把這个人託我我若不把他就叫了來見老師也惹得老師笑我做事疲軟我不如竟自己下鄉去拜他他看見賞他臉面斷不是難為他的意思自然大著胆見我我就便帶了他來見老師却不是辦事勤敏又想道一个堂堂縣令屈尊去拜一个鄉民惹得衙役們笑話又想道老師前日口氣甚是敬他老師敬他十分我就該敬他一百分況且屈

尊敬賢將來志書上少不得稱讚一篇這是萬古千年不朽的勾當有甚麼做不得當下定了主意次早傳齊轎夫也不用全副執事只帶八个紅黑帽夜役軍牢翟買辦扶著轎子一直下鄉來鄉里人聽見鑼響一个个扶老攜幼挨擠了看轎子來到王冕門首只見七八間草屋一扇白板門緊緊關着翟買辦搶上幾步忙去敲門敲了一會裏面一个婆婆拄着拐杖出來說道不在家了從清早晨牽牛出去飲水尚未回

來翟買辦道老爺親自在這裏傳你家兒子說話怎的慢條斯理快快說在那裏我好去傳那婆婆道其實不在家了不知在那裏說畢關著門進去了說話之間知縣轎子已到翟買辦跪在轎前稟道小的傳王冕不在家裏請老爺龍駕到公館裏畧坐一坐小的再去傳扶著轎子過王冕屋後來屋後橫七豎八幾稜窄田埂遠遠的一面大塘塘邊都栽滿了榆樹桑樹塘邊那一望無際的幾頃田地又有一坐山雖不甚大却青葱樹木堆滿山上約有一里多路彼此叫呼還聽得見知縣正走著遠遠的有个牧童倒騎水牯牛從山嘴邊轉了過來翟買辦趕將上去問道秦小二漢你看見你隔壁的王老大牽了牛在那裏飲水哩小二道王大叔麽他在二十里路外王家集親家家吃酒去了這牛就是他的央及我替他趕了來家翟買辦如此這般稟了知縣知縣變著臉道既然如此不必進公館了即回衙門去罷時知縣此時心中十分

惱怒本要立即差人拏了王冕來責懲一畨又想恐怕危老師說他暴躁且忍口氣回去慢慢向老師說明此人不中抬舉再處置他也不遲知縣去了王冕並不曾遠行即時走了來家秦老過來抱怨他道你方纔也太執意了他是一縣之主你怎的這樣怠慢他王冕道老爹請坐我告訴你時知縣倚著危素的勢要在這裏酷虐小民無所不爲這樣的人我爲甚麼要相與他但他這一畨回去必定向危素說危素老羞變怒恐要和我計較起來我如今辭別老爹收拾行李到別處去躱避幾時只是母親在家放心不下母親道我兒你歷年賣詩賣畫我也積聚下三五十兩銀子柴米不愁沒有我雖年老又無疾病你自放心出去躱避些時不妨你又不曾犯罪難道官府來拏你的母親去不成秦老道這也說得有理況你埋沒在這鄉村鎮上雖有才學誰人是識得你的此畨到大邦去處或者走出些遇合來也不可知你尊堂家下大

小事故一切都在我老漢身上替你扶持便了王冕拜謝了秦老秦老又走回家去取了些酒肴來替王冕送行吃了半夜酒回去次日五更王冕起來收拾行李吃了早飯恰好秦老也到王冕拜辭了母親又拜了秦老兩拜母子洒淚分手王冕穿上蔴鞋背上行李秦老手提一个小白燈籠直送出村口洒淚而别秦老手拿燈籠站着看著他走走的望不著了方纔回去王冕一路風餐露宿九十里大站七十里小站一

徑來到山東濟南府地方這山東雖是近北省分這會城却也人物富庶房舍稠密王冕到了此處盤費用盡了只得租个小菴門面屋賣卜測字也畫兩張没骨的花卉貼在那裏賣與過往的人每日問卜賣畫到也擠个不開彈指間過了半年光景濟南府裏有幾个俗財主也愛王冕的畫時常要買又自己不來遣幾个粗夯小厮動不動大呼小叫鬧的王冕不得安穩王冕心不耐煩就畫了一條大牛貼在那裏又題

幾句詩在上含着譏刺也怕從此有口舌正思量搬移一個地方那日清早纔坐在那裏只見許多男女啼啼哭哭在街上過也有挑着鍋的也有籮担內挑着孩子的一个个面黃肌瘦衣裳襤褸過去一陣又是一陣把街上都塞滿了也有坐在地上就化錢的問其所以都是黃河沿上的州縣被河水决了田廬房舍盡行漂沒這是些逃荒的百姓官府又不管只得四散覓食王冕見此光景過意不去歎了一口氣道河水北流天下自此將大亂了我還在這裏做甚麼將些散碎銀子收拾好了拴束行李仍舊回家入了浙江境纔打聽得危素已還朝了時知縣也陞任去了因此放心回家拜見母親看見母親康健如常心中歡喜母親又向他說秦老許多好處他慌忙打開行李取出一匹繭紬一包耿餅拏過去拜謝了秦老秦老又備酒與他洗塵自此王冕依舊吟詩作畫奉養母親又過了六年母親老病卧床王冕百方延醫調治總

不見效一日母親吩咐王冕道我眼見得不濟事了但這幾年來人都在我耳根前說你的學問有了該勸你出去做官做官怕不是榮宗耀祖的事我看見這些做官的都不得有甚好收場況你的性情高傲倘若弄出禍來反為不美我兒可聽我的遺言將來娶妻生子守着我的墳墓不要出去做官我死了口眼也閉王冕哭着應諾他母親淹淹一息歸天去了王冕擗踊哀號哭得那鄰舍之人無不落淚又虧秦老一力帮襯制備衣衾棺槨王冕負土成墳三年苫塊不必細說到了服闋之後不過一年有餘天下就大亂了方國珍據了浙江張士誠據了蘇州陳友諒據了湖廣都是些草竊的英雄只有太祖皇帝起兵滁陽得了金陵立為吳王乃是王者之師提兵破了方國珍號令全浙鄉村鎮市並無騷擾一日日中時分王冕正從母親墳上拜埽回來只見十幾騎馬竟投他村裏來為頭一人頭戴武巾身穿團花戰袍白淨面皮三

綹髭鬚真有龍鳳之表那人到門首下了馬向王冕施禮道動問一聲那裏是王冕先生家王冕道小人王冕這裏便是寒舍那人喜道如此甚妙特來晉謁吩咐從人都下了馬屯在外邊把馬都繫在湖邊柳樹上那人獨和王冕攜手進到屋裏分賓主施禮坐下王冕道不敢拜問尊官尊姓大名因甚降臨這鄉僻所在那人道我姓朱先在江南起兵號滁陽王而今據有金陵稱爲吳王的便是因平方國珍到此特來拜

訪先生王冕道鄉民肉眼不識原來就是王爺但鄉民一介愚人怎敢勞王爺貴步吳王道孤是一个粗鹵漢子今得見先生儒者氣像不覺功利之見頓消孤在江南即慕大名今來拜訪要先生指示浙人久反之後何以能服其心王冕道大王是高明遠見的不消鄉民多說若以仁義服人何人不服豈但浙江若以兵力服人浙人雖弱恐亦義不受辱不見方國珍麼吳王歎息點頭稱善兩人促膝談到日暮那些從者

都帶有乾糧王冕自到廚下烙了一斤麵餅炒了一盤韭菜自捧出來陪著吳王吃了稱謝教誨上馬去了這日秦老進城回來問及此事王冕也不曾說就是吳王只說是軍中一个將官向年在山東相識的故此來看我一看說著就罷了不數年間吳王削平禍亂定鼎應天天下一統建國號大明年號洪武鄉村人各各安居樂業到了洪武四年秦老又進城裏回來向王冕道危老爺已自問了罪發在和州去了我帶了一本邸抄來與你看王冕接過來看纔曉得危素歸降之後妄自尊大在太祖面前自稱老臣太祖大怒發在和州守余闕墓去了此一條之後便是禮部議定取士之法三年一科用五經四書八股文王冕指與秦老看道這个法却定的不好將來讀書人既有此一條榮身之路把那文行出處都看得輕了說著天色晚了下來此時正是初夏天時乍熱秦老在打麥場上放下一張桌子兩人小飲須臾東方月上照耀

得如同萬頃玻璃一般那些眠鷗宿鷺闃然無聲王冕左手持杯右手指着天上的星向秦老道你看貫索犯文昌一代文人有厄話猶未了忽然起一陣怪風刮的樹木都颼颼的響水面上的禽鳥格格驚起了許多王冕同秦老嚇的將衣袖蒙了臉少頃風聲略定睜眼看時只見天上紛紛有百十個小星都墜向東南角上去了王冕道天可憐見降下這一夥星君去維持文運我們是不及見了當夜收拾家伙各自歇

息自此以後時常有人得說朝廷行文到浙江布政司要徵聘王冕出來做官初時不在意裏後來漸漸說的多了王冕並不通知秦老私自收拾連夜逃往會稽山中半年之後朝廷果然遣一員官捧着詔書帶領許多人將着綵緞表裡來到秦老門首見秦老八十多歲鬚鬢皓然手扶拄杖那官與他施禮秦老讓到草堂坐下那官問道王冕先生就在這莊上麼而今皇恩授他咨議參軍之職下官特地捧詔而來秦老

道他雖是這里人只是久矣不知去向了秦老獻過了茶領那官員走到王冕家推開了門見蠨蛸滿室蓬蒿滿徑知是果然去得久了那官咨嗟歎息了一回仍舊捧詔回官去了王冕隱居在會稽山中並不自言姓名後來得病去世山鄰歛些錢財葬于會稽山下是年秦老亦壽終於家可笑近來文人學士說著王冕都稱他做王參軍究竟王冕何曾做過一日官所以表白一番這不過是个楔子下面還有正文

元人雜劇開卷率有楔子楔子者借他事以引起所記之事也然與本事毫不相涉則是庸手俗筆隨意塡湊何以見筆墨之妙乎作者以史漢才作爲稗官觀楔子一卷全書之血脈經絡無不貫穿玲瓏真是不肯浪費筆墨

功名富貴四字是全書第一着眼處故開口卽叫破却只輕輕點逗以後千變萬化無非從此四个字現出地獄變相可謂一莖草化

丈六金身
穿濶衣戴高帽嘆黃河北流都是王元章本
傳內事用來都不着形跡
功名富貴人所必爭王元章不獨不要功名
富貴並且躲避功名富貴不獨王元章躲避
功名富貴元章之母亦生怕功名富貴嗚呼
是真其性與人殊歟蓋天地之大何所不有
原有一種不食烟火之人難與世間人同其
嗜好耳

翟買辦替時知縣辦事時知縣替危老師辦
事各人辦各人的事元章非其注意之人也
世有窮書生得納交于知縣詡詡然自謂人
生得一知已死可不恨者安知其不因危老
師而來也
不知姓名之三人是全部書中諸人之影子
其所談論又是全部書中言辭之程式小小
一段文字亦大有關係
學畫荷花便有雨霽湖光一段將謫星辰便

有露涼夜靜一段文筆異樣烘染
秦老是極有情的人卻不讀書不做官而不
害其爲正人君子作者于此寄慨不少

儒林外史第一回

儒林外史第二回

王孝廉村學識同科　周蒙師暮年登上第

話說山東兗州府汶上縣有个鄉村叫做薛家集這集上有百十來人家都是務農爲業村口一个觀音庵殿宇三間之外另還有十幾間空房子後門臨著水次這庵是十方的香火這得一个和尚住集上人家凡有公事就在這庵裏來同議那時成化末年正是天下繁富的時候新年正月初八日集上人約齊了都到庵裏來

議鬧龍燈之事到了早飯時候爲頭的申祥甫帶了七八个人走了進來在殿上拜了佛和尚走來與諸位見節都還過了禮申祥甫發作和尚道和尚你新年新歲也該把菩薩面前香燭點勤些阿彌陀佛受了十方的錢鈔也要消受又叫諸位都來看看這琉璃燈內只得半琉璃油指著內中一个穿齊整些的老翁說道不論別人只這　位荀老爹三十晚裏還送了五十斤油與你白白給你炒菜吃全不敬佛和尚陪

著小心等他發作過了拏一把鉛壺撮了一把苦丁茶葉倒滿了水在火上燎的滚熱送與衆位吃荀老爹先開口道今年龍燈上廟我們戶下各家須出多少銀子申祥甫道且住等我親家來一同商議正說著外邊走進一个人來兩隻紅眼邊一副鍋鉄臉幾根黄鬍子歪戴著瓦楞帽身上青布衣服就如油簍一搬手裡拿着一根趕驢的鞭子走進門來和衆人拱一拱手一屁股就坐在上席這人姓夏乃薛家集上舊

年新叅的總甲夏總甲坐在上席先吩咐和尚道和尚把我的驢牽在後園槽上卸了鞍子將些草喂的飽飽的我議完了事還要到縣門口黄老爹家吃年酒去哩吩咐過了和尚把腿蹺起一隻來自已拏拳頭在腰上只管搥搥著說道俺如今到不如你們務農的快活了想這新年大節老爺衙門裏三班六房那一位不送帖子來我怎好不去賀節每日騎着這个驢上縣下鄉跑得昏頭暈腦打緊又被這瞎眼的亡人

在路上打个前失把我跌了下來跌的腰胯生疼申祥甫道新年初三我備了个豆腐飯邀請親家想是有事不得來了夏總甲道你還說哩從新年這七八日何曾得一个閒恨不得長出兩張嘴來還吃不退就像今日請我的黄老爹他就是老爺面前貼得起來的班頭他抬舉我我若不到不惹他怪申祥甫道西班黄老爹我聽見說他從年裡頭就是老爺差出去了他家又無兄弟兒子却是誰做主人夏總甲道你又

不知道了今日的酒是快班李老爹請李老爹家房子褊窄所以把席擺在黄老爹家大廳上說了半日纔講到龍燈上夏總甲道這樣事俺如今也有些不耐煩管了從前年年是我做頭衆人寫了功德頼着不拿出來不知累俺賠了多少况今年老爺衙門裏頭班句二班句西班句快班家家都興龍燈我料想看个不了那得功夫來看鄉裏這條把燈但你們說了一場我也少不得搭个分子任憑你們那一位做頭像

這荀老爹田地廣粮食又多叫他多出些你們各家照分子派這事就舞起來了衆人不敢違拗當下捺着姓荀的出了一半其餘衆戸也派了共二三兩銀子寫在紙上和尚捧出茶盤雲片糕紅棗和些瓜子豆付乾栗子雜色糖擺了兩桌尊夏老爹坐在首席斟上茶來申祥甫又說孩子大了今年要請一个先生就是這觀音庵裏做个學堂衆人道俺們也有好幾家孩子要上學只這申老爹的令郎就是夏老爹的令

婿夏老爹時刻有縣主老爺的牌票也要人認得字只是這个先生須是要城裏去請纔好夏總甲道先生倒有一个你道是誰就是咱衙門裏戸總科提控顧老相公家請的一位先生姓周官名叫做周進年紀六十多歲前任老爺取過他个頭名却還不曾中過學顧老相公請他在家裏三个年頭他家顧小舍人去年就中了學和咱鎮上梅三相一齊庠的那日從學裏師爺家迎了回來小舍人頭上戴著方巾身上披

着大紅紬騎着老爺棚子裏的馬大吹大打來到家門口俺合衙門的人都攔着街遞酒落後請將周先生來顧老相公親自奉他三杯尊在首席點了一本戲是梁灝八十歲中狀元的故事顧老相公為這戲心裏還不大喜歡落後戲文內唱到梁灝的學生却是十七八歲就中了狀元顧老相公知道是替他兒子發兆方纔喜了你們若要先生俺替你把周先生請來衆人都說是好吃完了茶和尚又下了一筋牛肉麵吃了各自散訖次日夏總甲果然替周先生說了每年館金十二兩銀子每日二分銀子在和尚家代飯約定燈節後下鄉正月二十開館到了十六日衆人將分子送到申祥甫家備酒飯請了集上新進學的梅三相做陪客那梅玖戴着新方巾老早到了直到巳牌時候周先生纔來聽得門外狗叫申祥甫走出去迎了進來衆人看周進時頭戴一頂舊毡帽身穿元色紬舊直綴那右邊袖子同後邊坐處都破了腳下一

雙舊大紅紬鞋黑瘦面皮花白鬍子申祥甫拱進堂屋梅玖方纔慢慢的立起來和他相見周進就問此位相公是誰衆人道這是我們集上在庠的梅相公周進聽了謙讓不肯僭梅玖作揖梅玖道今日之事不同周進再三不肯衆人道論年紀也是周先生長先生請老實些罷梅玖回顧頭來向衆人道你衆位是不知道我們學校規矩老友是從來不同小友序齒的只是今日不同還是周長兄請上原來明朝士大夫

稱儒學生員叫做朋友稱童生是小友比如童生進了學不怕十幾歲也稱爲老友若是不進學就到八十歲也還稱小友就如女兒嫁人的嫁時稱爲新娘後來稱呼奶奶太太就不叫新娘了若是嫁與人家做妾就到頭髮白了還要喚做新娘閒話休題周進因他說這樣話到不同他讓了竟僭著他作了揖衆人都作過揖坐下只有周梅二位的茶杯裏有兩枚生紅棗其餘都是清茶吃過了茶擺兩張桌子杯筯尊周

先生首席梅相公二席衆人序齒坐下斟上酒來周進接酒在手向衆人謝了擾一飲而盡隨卽毎桌擺上八九个碗乃是猪頭肉公雞鯉魚肚肺肝腸之類叫一聲請一齊舉筯却如風捲殘雲一般早去了一半看那周先生時一筯也不曾下申祥甫道今日先生爲甚麼不用肴饌却不是上門怪人揀好的遞了過來周進攔住道實不相瞞我學生是長齋衆人道這个倒失于打點却不知先生因甚吃齋周進道只因當

年先母病中在觀音菩薩位下許的如今也吃過十幾年了梅玖道我因先生吃齋倒想起一个笑話是前日在城裏我那案伯顧老相公家聽見他說的有个做先生的一字至七字詩衆人都停了筯聽他念詩他便念道獃 一字 秀才 二字 吃長齋 三字 鬍鬚滿腮 四字 經書不揭開 五字 紙筆自已安排 六字 明年不請我自來 七字 念罷說道像我這周長兄如此大才獃是不獃的了又掩著口道秀才指日就是那吃長齋

翻鬚滿腮竟被他說一个著說罷哈哈大笑衆人一齊笑起來周進不好意思申祥甫連忙斟一杯酒道梅三相該敬一杯顧老相公家西席就是周先生了梅玖道我不知道該罰該罰但這个話不是爲周長兄他說明了是个秀才但這吃齋也是好事先年俺有一个母舅一口長齋後來進了學老師送了丁祭的胙肉來外祖母道丁祭肉若是不吃聖人就要計較了大則降災小則害病只得就開了齋俺這周長兄只

到今年秋祭少不得有胙肉送來不怕你不開哩衆人說他發的利市好同斟一杯送與周先生預賀把周先生臉上羞的紅一塊白一塊只得承謝衆人將酒接在手裏廚下捧出湯點來一大盤實心饅頭一盤油煎的扛子火燒衆人道這點心是素的先生用幾个周進怕湯不潔淨討了茶來喫點心內中一人問申祥甫道你親家今日在那裏何不來陪先生坐坐申祥甫道他到快班李老爹家吃酒去了又一个人道

李老爹這幾年在新任老爺手裏著實跑起來了怕不一年要尋千把銀子只是他老人家好賭不如西班黃老爹當初也在這些事裏頭要這幾年成了正果家裏房子蓋的像天宮一般好不熱鬧荀老爹向申祥甫道你親家自從當了門戶時運也算走順風再過兩年只怕也要弄到黃老爹的意思哩申祥甫道他也要算停當的了若想到黃老爹的地步只怕還有做幾年的夢梅相公正喫著火燒接口道做夢倒也

有些準哩因問周進道長兄這些年考校可曾得个甚麼夢兆周進道倒也沒有梅玖道就是儌倖的這一年正月初一日我夢見在一个極高的山上天上的日頭不差不錯端端正正掉了下來壓在我頭上驚出一身的汗醒了摸一摸頭就像還有些熱彼時不知甚麼原故如今想來好不有準于是點心喫完又斟了一巡酒直到上燈時候梅相公同衆人別了回去申祥甫拿出一副藍布被褥送周先生到觀音庵歇

宿向和尚說定館地就在後門裏這兩間屋內直到開館那日申祥甫同着衆人領了學生來七長八短幾个孩子拜見先生衆人各自散了周進上位教書晚間學生家去把各家贄見拆開來看只有荀家是一錢銀子另有八分銀子代茶其餘也有三分的也有四分的也有十來个錢的合攏了不勾一个月飯食周進一總包了交與和尚收着再算那些孩子就像蠢牛一般一時照顧不到就溜到外邊去打瓦踢球每

日淘氣不了周進只得捺定性子坐着教導不覺兩个多月天氣漸暖周進喫過午飯開了後門出來河沿上望望雖是鄉村地方河邊却也有幾樹桃花柳樹紅紅綠綠間雜好看看了一回只見濛濛的細雨下將起來周進見下雨轉入門內望着雨下在河裏烟籠遠樹景致更妙這雨越下越大却見上流頭一隻船冒雨而來那船本不甚大又是蘆蓆篷所以怕雨將近河岸看時中艙坐著一个人船尾坐着兩个從人

船頭上放着一担食盒將到岸邊那人連呼船家泊船帶領從人走上岸來周進看那人時頭戴方巾身穿寶藍緞直裰腳下粉底皂靴三綹髭鬚約有三十多歲光景走到門口與周進舉一舉手一直進來自已口裏說道原來是个學堂周進跟了進來作揖那人還了个半禮道你想就是先生了周進道正是那人問從者道和尚怎的不見說著和尚忙走了出來道原來是王大爺請坐僧人去烹茶來向著周進道這王

大爺就是前科新中的先生陪了坐著我去拏茶那王舉人也不謙讓從人擺了一条橈子就在上首坐了周進下面相陪王舉人道你這位先生貴姓周進知他是个舉人便自稱道晚生姓周王舉人道去年在誰家作館周進道在縣門口顧老相公家王舉人道足下莫不是就在我白老師王裒曾考過一个案首的說道幾年在顧二哥家做館不差不差周進道俺這顧東家老先生也是相與的王舉人道顧二是俺

戸下册書又是拜盟的好弟兄須與和尚獻上茶來喫了周進道老先生的硃卷是晚生熟讀過的後面兩大股文章尤其精妙王舉人道那兩股文章不是俺作的周進道老先生又過謙了却是誰作的呢王舉人道雖不是我作的却也不是人作的那時頭場初九日天色將晚第一篇文章還不曾做完自巳心裏疑惑說我平日筆下最快今日如何遲了正想不出來不覺磕睡上來伏着號板打一个盹只見五个青臉

的人跳進號來中間一人手裏拿着一枝大筆把俺頭上點了一點就跳出去了隨即一个戴紗帽紅袍金帶的人揭簾子進來把俺拍了一下說道王公請起那時弟汗嚇了一跳通身冷醒轉來拏筆在手不知不覺寫了出來可見貢院裏鬼神是有的弟也曾把這話回稟過大主考座師座師就道弟該有鼎元之分正說得熱鬧一个小學生送倣來批周進叫他閣著王舉人道不妨你只管去批倣俺還有別的事周進

只得上位批倣王舉人吩咐家人道天已黑了雨又不住你們把船上的食盒挑了上來叫和尙拿升米做飯船家叫他伺候着明日早走向周進道我方纔上墳回來不想遇着雨就閣一夜說着就猛然回頭一眼看見那小學生的倣紙上的名字是荀玫不覺就喫了一驚一會兒咂嘴弄脣的臉上做出許多怪物像周進又不好問他批完了倣依舊陪他坐着他就問道方纔這小學生幾歲了周進道他纔七歲王舉人

道是今年纔開蒙這名字是你替他起的周進道這名字不是晚生起的開蒙的時候他父親央及集上新進梅朋友替他起名梅朋友說自己的名字叫做玖也替他起个王傍的名字發發光將來好同他一樣的意思王舉人笑道說起來竟是一塲笑話弟今年正月初一日夢見看會試榜弟中在上面是不消說了那第三名也是汶上人叫做荀玫弟正疑惑我縣裏沒有這一个姓荀的孝廉誰知竟同着這个小學生

的名字難道和他同榜不成說罷就哈哈大笑起來道可見夢作不得准況且功名大事總以文章爲主那裏有甚麽鬼神周進道老先生夢也竟有準的前日晚生初來會著集上梅朋友他說也是正月初一日夢見一个大紅日頭落在他頭上他這年就飛黄騰達的王舉人道這話更作不得準了比如他進過學就有日頭落在他頭上像我這發過的不該連天都掉下來是俺頂着的了彼此說着閒話掌上燈燭管家捧上酒飯雞魚鴨肉堆滿春臺王舉人也不讓周進自己坐着喫了收下碗去落後和尚送出周進的飯來一碟老菜葉一壺熱水周進也喫了叫了安置各自歇宿次早天色已晴王舉人起來洗了臉穿好衣服拱一拱手上船去了撒了一地的雞骨頭鴨翅膀魚刺瓜子殼周進昏頭昏惱掃了一早晨自這一番之後薛家集的人都聽得荀家孩子是縣裏王舉人的進士同年傳爲笑話這些同學的孩子趕着他就不

叫荀玫了都叫他荀進士各家父兄聽見這話都各不平偏要在荀老翁跟前恭喜說他是个封翁太老爺把个荀老爹氣得有口難分申祥甫背地裏又向衆人道那里是王舉人親口說這番話這就是周先生看見我這一集上只有荀家有幾个錢揑造出這話來奉承他圖他个逢時過節他家多送兩个盒子俺前日聽見說荀家炒了些麵筋豆腐干送在菴裏又送了幾回饅頭火燒就是這些原故了衆人都不喜歡

以此周進安身不牢因是礙着夏總甲的面皮不好辭他將就混了一年後來夏總甲也嫌他獃頭獃腦不知道常來承謝由着衆人把周進辭了來家那年却失了館在家日食艱難一日他姊丈金有餘來看他勸道老舅莫怪我說你這讀書求功名的事料想也是難了人生世上難得的是這碗現成飯只管根不稂莠不莠的到幾時我如今同了幾个大本錢的人到省城去買貨差一个記賬的人你不如同我們去走

走你又孤身一人在客夥內還是少了你喫的穿的周進聽了這話自已想癱子掉在井裏撈起來也是坐有甚虧負我隨即應允了金有餘擇个吉日同一夥客人起身來到省城襍貨行裡住下周進無事閒着街上走走看見紛紛的工匠都說是修理貢院周進跟到貢院門口想挨進去看被看門的大鞭子打了出來晚間向姐夫說要去看看金有餘只得用了幾个小錢一夥客人都也同了去看又央及行主人領着

行主人走進頭門用了錢的並無攔阻到了龍門下行主人指道周客人這是相公們進的門了進去兩邊號房門行主人指道這是天字號了你自進去看看周進一進了號見兩塊號板擺的齊齊整整不覺眼睛裡一陣酸酸的長嘆一聲一頭撞在號板上直殭殭不醒人事只因這一死有分教累年蹭蹬忽然際會風雲終歲淒凉竟得高懸月旦未知周進性命如何且聽下回分解

功名富貴四字是此書之大主腦作者不惜千變萬化以寫之起首不寫王侯將相却先寫一夏總甲夫總甲是何功名是何富貴而彼意氣揚揚欣然自得頗有官到尚書吏到都的景象牟尼之所謂三千大千世界莊子所謂朝菌不知晦朔蟪蛄不知春秋也文筆之妙乃至於此

梅三相顧影自憐得意極矣不知天地間又有王大爺在甚矣功名富貴寧有等級耶

場中鬼跳是假夢荀玫同榜乃真夢也偏于假夢說得鑿鑿可據轉以真夢爲不足信活活寫出妄庸子心術性情

周進乃一老腐迂儒觀其胸中只知喫觀音齋念念王舉人的墨卷則此外一無所有可知矣

從喫齋引出做夢又以梅玖之夢掩映王惠之夢文章羅絡勾聯有五花八門之妙

書中並無黃老爹李老爹顧老相公也者據

諸人口中津津言之若實有其人在者然非深于史記筆法者未易辦此

金有餘云人生在世難得的是一碗現成飯此語能令千古英雄豪傑同聲一哭豈不獨吹簫之大夫垂釣之王孫爲淒凉獨絕人也到省買貨極尋常之事偏偏遇着修理貢院何其情事逼真乃爾

儒林外史第三回

周學道校士拔真才　胡屠戶行兇鬧捷報

話說周進在省城要看貢院金有餘見他真切只得用幾个小錢同他去看不想纔到天字號就撞死在地下衆人多慌了只道一時中了惡行主人道想是這貢院裏久沒有人到陰氣重了故此周客人中了惡金有餘道賢東我扶着他你且去到做工的那裏借口開水來灌他一灌行主人應諾取了水來三四个客人一齊扶

着灌了下去喉嚨裡咯咯的響了一聲吐出一口稠涎來衆人道好了扶着立了起來周進看着號板又是一頭撞將去這回不死了放聲大哭起來衆人勸着不住金有餘道你看這不是瘋了麽好好到貢院來耍你家又不死了人爲爲甚麽這號淘痛也是的周進也不聽見只管伏着號板哭个不住一號哭過又哭到二號三號滿地打滾哭了又哭哭的衆人心裏都悽慘起來金有餘見不是事同行主人一左一右架

着他的膀子他那裏肯起來哭了一陣又是一陣直哭到口裏吐出鮮血來衆人七手八脚將他扛抬了出來貢院前一个茶棚子裏坐下勸他喫了一碗茶猶自索鼻涕彈眼淚傷心不止內中一个客人道周客人有甚心事爲甚到了這裏這等大哭起來却是哭得利害金有餘道列位老客有所不知我這舍舅本來原不是生意人因他苦讀了幾十年的書秀才也不曾做得一个今日看見貢院就不覺傷心起來自因這一句話道着周進的真心事於是不顧衆人又放聲大哭起來又一个客人道論這事只該怪我們金老客周相公既是斯文人爲甚麼帶他出來做這樣的事金有餘道也只爲赤貧之士又無館做没奈何上了這一條路又一个客人道看令舅這个光景畢竟胸中才學是好的因没有人識得他所以受屈到此田地金有餘道他才學是有的怎奈時運不濟那客人道監生也可以進場周相公既有才學何不捐他一

個監進場中了也不枉了今日這一番心事金有餘道我也是這般想只是那裏有這一注銀子此時周進哭的住了那客人道這也不難現放着我這幾個弟兄在此每人拿出幾十兩銀子借與周相公納監進場若中了做官那在我們這幾兩銀子就是周相公不還我們走江湖的人那裏不破掉了幾兩銀子何况這是好事你衆位意下如何衆人一齊道君子成人之美又道見義不爲是爲無勇俺們有甚麼不肯只

不知周相公可肯俯就周進道若得如此便是重生父母我周進變驢變馬也要報効爬到地下就磕了幾個頭衆人還下禮去金有餘也稱謝了衆人又吃了幾碗茶周進再不哭了同衆人說說笑笑回到行裏次日四位客人果然備了二百兩銀子交與金有餘一切多的使費都是金有餘包辦周進又謝了衆人和金有餘行主人替周進備一席酒請了衆位金有餘將着銀子上了藩庫討出庫收來正直宗師來省錄

遺周進就錄了个貢監首卷到了八月初八日進頭場見了自已哭的所在不覺喜出望外自古道人逢喜事精神爽那七篇文字做的花團錦簇一般出了場仍舊住在行裏金有餘同那幾個客人還不曾買完了貨直到放榜那日巍然中了衆人各各歡喜一齊回到汶上縣拜縣父母學師典史那晚生帖子上門來賀汶上縣的人不是親的也來認親不相與的也來認相與忙了个把月申祥甫聽見這事在薛家集斂了分子買了四隻雞五十个蛋和些炒米歡團之類親自上縣來賀喜周進留他喫了酒飯去荀老爹賀禮是不消說了看看上京會試盤費衣服都是金有餘替他設處到京會試又中了進士殿在三甲授了部屬荏苒三年陞了御史欽點廣東學道這周學道雖也請了幾个看文章的相公却自心裏想道我在這裏面喫苦久了如今自已當權須要把卷子都要細細看過不可聽著幕客屈了真才主意定了到廣州上

了任次日行香掛牌先考了兩場生員第三場是南海番禺兩縣童生周學道坐在堂上見那些童生紛紛進來也有小的也有老的儀表端正的獐頭鼠目的衣冠齊楚的藍縷破爛的落後點進一个童生來面黃飢瘦花白鬍鬚頭上戴一頂破氊帽廣東雖是地氣温暖這時已是十二月上旬那童生還穿着麻布直裰凍得乞乞縮縮接了卷子下去歸號周學道看在心裏封門進去出來放頭牌的時節坐在上面只見

那穿麻布的童生上來交卷那衣服因是朽爛了在號裏又扯破了幾塊周學道看看自巳身上緋袍金帶何等輝煌因翻一翻點名册問那童生道你就是范進范進跪下道童生就是學道道你今年多少年紀了范進道童生册上寫的是三十歲童生實年五十四歲學道道你考過多少回數了范進道童生二十歲應考到今考過二十餘次學道道如何總不進學范進道總因童生文字荒謬所以各位大老爺不曾賞

取周學道道這也未必盡然你且出去卷子待本道細細看范進磕頭下去了那時天色尚早並無童生交卷周學道將范進卷子用心用意看了一徧心裏不喜道這樣的文字都說的是些甚麼話怪不得不進學丢過一邊不看了又坐了一會還不見一个人來交卷心裏又想道何不把范進的卷子再看一徧倘有一線之明也可憐他苦志從頭至尾又看了一徧覺得有些意思正要再看看却有一个童生來交卷那

童生跪下道求大老爺面試學道和顏道你的文字已在這裏了又面試些甚麼那童生道童生詩詞歌賦都會求大老爺出題面試學道變了臉道當今天子重文章足下何須講漢唐像你做童生的人只該用心做文章那些雜覽學他做甚麼況且本道奉旨到此衡文難道是來此同你談雜學的麼看你這樣務名而不務實那正務自然荒廢都是些粗心浮氣的說話看不得了左右的趕了出去一聲吩咐過了兩傍

走過幾个如狠似虎的公人把那童生叉着膊子一路跟頭叉到大門外周學道雖然趕他出去却也把卷子取來看看那童生叫做魏好古文字也還清通學道道把他低低的進了學罷因取過筆來在卷子尾上點了一點做个記認又取過范進卷子來看看罷不覺嘆息道這樣文字連我看一兩徧也不能解直到三徧之後纔曉得是天地間之至文真乃一字一珠可見世上糊塗試官不知屈煞了多少英才忙取筆

細細圈點卷面上加了三圈卽填了第一名又把魏好古的卷子取過來填了第二十名將各卷彙齊帶了進去發出案來范進是第一謁見那日着實贊揚了一回點到二十名魏好古上去又勉勵了幾句用心舉業休學雜覽的話鼓吹送了出去次日起馬范進獨自送在三十里之外轎前打恭周學道又叫到跟前說道龍頭屬老成本道看你的文字火候到了卽在此科一定發達我復命之後在京專候范進又磕頭

謝了起來立著學道轎子一擁而去范進立著直望見門鎗影子抹過前山看不見了方纔回到下處謝了房主人他家離城還有四十五里路連夜回來拜見母親家裏住着一間草屋一厦披子門外是个茅草棚正屋是母親住着妻子住在披房裏他妻子乃是集上胡屠戶的女兒范進進學回家母親妻子俱各歡喜正待燒鍋做飯只見他丈人胡屠戶手裏拿着一副大腸和一瓶酒走了進來范進向他作揖坐下胡

屠戶道我自倒運把个女兒嫁與你這現世寶窮鬼歷年以來不知累了我多少如今不知因我積了甚麼德帶挈你中了个相公我所以帶个酒來賀你范進唯唯連聲叫渾家把腸子煮了盪起酒來在茅草棚下坐着母親自和媳婦在厨下造飯胡屠戶又吩咐女婿道你如今既中了相公凡事要立起个體統來比如我這行事裏都是些正經有臉面的人又是你的長親你怎敢在我們跟前粧大若是家門口這些做

田的扒糞的不過是平頭百姓你若同他拱手作揖平起平坐這就是壞了學校規矩連我臉上都無光了你是个爛忠厚沒用的人所以這些話我不得不教導你免得惹人笑話范進道岳父見教的是胡屠戶又道親家母也來這裏坐着吃飯老人家每日小菜飯想也難過我女孩兒也喫些自從進了你家門這十幾年不知猪油可曾喫過兩三回哩可憐可憐說罷婆媳兩个都來坐著喫了飯喫到日西時分胡屠戶

吃的醺醺的這里母子兩个千恩萬謝屠戶橫披了衣服腆着肚子去了次日范進少不得拜拜鄉隣魏好古又約了一班同案的朋友彼此來往因是鄉試年做了幾个文會不覺到了六月盡間這些同案的人約范進去鄉試范進因沒有盤費走去同丈人商議被胡屠戶一口啐在臉上駡了一个狗血噴頭道不要失了你的時了你自己只覺得中了一个相公就癩蝦蟆想喫起天鵝肉來我聽見人說就是中相公時

也不是你的文章還是宗師看見你老不過意捨與你的如今痴心就想中起老爺來這些中老爺的都是天上的文曲星你不看見城裏張府上那些老爺都有萬貫家私一个个方面大耳像你這尖嘴猴腮也該撒抛尿自己照照不三不四就想天鵝屁吃趁早收了這心明年在我們行事裏替你尋一个館每年尋幾兩銀子養活你那老不死的老娘和你老婆是正經你問我借盤纏我一天殺一个猪還賺不得錢把銀子都把與你去丢在水裏叫我一家老小嗑西北風一頓夾七夾八罵的范進摸門不着辭了丈人回來自心裏想宗師說我火候已到自古無場外的舉人如不進去考他一考如何甘心因向幾个同案商議瞞着丈人到城裏鄉試出了場卽便回家家裏已是餓了兩三天被胡屠戶知道又駡了一頓到出榜那日家裏没有早飯米母親吩咐范進道我有一隻生蛋的母雞你快拿集上去賣了買幾升米來煮餐粥吃

我已是餓的兩眼都看不見了范進慌忙抱了雞走出門去纔去不到兩个時候只聽得一片聲的鑼響三匹馬闖將來那三个人下了馬把馬拴在茅草棚上一片聲叫道快請范老爺出來恭喜高中了母親不知是甚事嚇得躲在屋裏聽見中了方敢伸出頭來說道諸位請坐小兒方纔出去了那些報錄人道原來是老太太大家簇擁着要喜錢正在吵閙又是幾匹馬二報三報到了擠了一屋的人茅草棚地下都坐

滿了鄰居都來了擠着看老太太沒奈何只得央及一个鄰居去尋他兒子那鄰居飛奔到集上一地裏尋不見直尋到集東頭見范進抱着雞手裏插个草標一步一踱的東張西望在那裏尋人買鄰居道范相公快些回去你恭喜中了舉人報喜人擠了一屋裏范進道是哄他只裝不聽見低着頭往前走鄰居見他不理走上來就要奪他手裏的雞范進道你奪我的雞怎的你又不買鄰居道你中了舉了叫你家去打

發報子哩范進道高鄰你曉得我今日沒有米
要賣這雞去救命爲甚麼拿這話來混我我又
不同你頑你自回去罷莫悞了我賣雞鄰居見
他不信劈手把雞奪了摜在地下一把拉了回
來報錄人見了道好了新貴人回來了正要擁
着他說話范進三兩步走進屋裏來見中間報
帖已經升挂起來上寫道捷報貴府老爺范諱進
高中廣東鄉試第七名亞元京報連登黃甲范
進不看便罷看過一徧又念一徧自巳把兩手

拍了一下笑了一聲道噫好了我中了說着往
後一交跌倒牙關咬緊不醒人事老太太慌了
慌將幾口開水灌了過來他爬將起來又拍着
手大笑道噫好我中了笑着不由分說就往門
外飛跑把報錄人和鄰居都唬了一跳走出大
門不多路一腳踹在塘裏掙起來頭髮都跌散
了兩手黃泥淋淋漓漓一身的水衆人拉他不
住拍着笑着一直走到集上去了衆人大眼望
小眼一齊道原來新貴人歡喜瘋了老太太哭

道怎生這樣苦命的事中了一个甚麼舉人就得了這个拙病這一瘋了幾時纔得好娘子胡氏道早上好好出去怎的就得了這樣的病却是如何是好衆鄰居勸道老太太不要心慌我們而今且派兩个人跟定了范老爺這裏衆人家裏拏些雞蛋酒米且管待了報子上的老爹們再爲商酌當下衆鄰居有拏雞蛋來的有拏白酒來的也有背了斗米來的也有捉兩隻雞來的娘子哭哭啼啼在廚下收拾齊了拏在草棚下鄰居又搬些桌櫈請報錄的坐着喫酒商議他這瘋了如何是好報錄的內中有一个人道在下倒有一个主意不知可以行得行不得衆人問如何主意那人道范老爺平日可有最怕的人他只因歡喜狠了痰湧上來迷了心竅如今只消他怕的這个人來打他一个嘴巴說這報錄的話都是哄你你並不曾中他吃這一唬把痰吐了出來就明白了衆鄰都拍手道這个主意好得緊妙得緊范老爺怕的莫過於肉

案子上胡老爹好了快尋胡老爹來他想是還不知道在集上賣肉哩又一个人道在集上賣肉他倒好知道了他從五更鼓就往東頭集上迎猪還不曾回來快些迎着去尋他一个人飛奔去迎走到半路遇着胡屠戶來後面跟着一个燒湯的二漢提着七八觔肉四五千錢正來賀喜進門見了老太太老太太大哭着告訢了一番胡屠戶詫異道難道這等沒福外邊人一片聲請胡老爹說話胡屠戶把肉和錢交與女兒走了出來衆人如此這般同他商議胡屠戶作難道雖然是我女婿如今却做了老爺就是天上的星宿天上的星宿是打不得的我聽得齋公們說打了天上的星宿閻王就要拏去打一百鐵棍發在十八層地獄永不得翻身我却是不敢做這樣的事鄰居內一个尖酸人說道罷麼胡老爹你每日殺猪的營生白刀子進去紅刀子出來閻王也不知叫判官在簿子上記了你幾千條鐵棍就是添上這一百棍也打甚

麽要緊只恐把鐵棍子打完了也算不到這筆賬上來或者你救好了女婿的病閻王叙功從地獄裏把你提上第十七層來也不可知報錄的人道不要只管講笑話胡老爹這个事須是這般你没奈何權變一權變屠戶被衆人局不過只得連斟兩碗酒喝了壯一壯膽把方纔這些小心收起將平日的兇惡樣子拏出來捲一捲那油晃晃的衣袖走上集去衆鄰居五六个都跟着走老太太趕出來叫道親家你這可唬

他一唬却不要把他打傷了衆鄰居道這自然何消吩咐說着一直去了來道集上見范進正在一个廟門口站着散着頭髮滿臉汙泥鞋都跑掉了一隻兀自拍著掌口裏叫道中了中了胡屠戶兇神走到跟前說道該死的畜生你中了甚麽一个嘴巴打將去衆人和鄰居見這模樣忍不住的笑不想胡屠戶雖然大着胆子打了一下心裏到底還是怕的那手早顫起來不敢打到第二下范進因這一个嘴巴却也打暈

了昏倒於地衆鄰居一齊上前替他抹胷口捶背心舞了半日漸漸喘息過來眼睛明亮不瘋了衆人扶起借廟門口一个外科郎中跳駝子板櫈上坐着胡屠戶站在一邊不覺那隻手隱隱的疼將起來自已看時把个巴掌仰着再也灣不過來自已心裏懊惱道果然天上文曲星是打不得的而今菩薩計較起來了想一想更疼的狠了連忙問郎中討了个膏藥貼着范進看了衆人說道我怎麼坐在這裏又道我這半日昏昏沉沉如在夢裏一般衆鄰居道老爺恭喜高中了適纔歡喜的有些引動了痰方纔吐出幾口痰來好了快請回家去打發報錄人范進說道是了我也記得是中的第七名范進一面自綰了頭髮一面問郎中借了一盆水洗洗臉一个鄰居早把那一隻鞋尋了來替他穿上見丈人在跟前恐怕又要來罵胡屠戶上前道賢壻老爺方纔不是我敢大胆是你老太太的主意央我來勸你的鄰居內一个人道胡老爹

方纔這个嘴巴打的親切少頃范老爺洗臉還要洗下半盆猪油來又一个道老爹你這手明日殺不得猪了胡屠戸道我那裏還殺猪有我道賢壻還怕後半世靠不着也怎的我每常説我的這个賢壻才學又高品貌又好就是城裏頭那張府周府這些老爺也沒有我女壻這樣一个體面的相貌你們不知道得罷你們説我小老這一雙眼睛却是認得人的想着先年我小女在家裏長到三十多歲多少有錢的富戸要和我結親我自己覺得女兒像有些福氣的畢竟要嫁與个老爺今日果然不錯説罷哈哈大笑衆人都笑起來看着范進洗了臉郎中又拏茶來喫了一同回家范舉人先走屠戸和鄰居跟在後面屠戸見女壻衣裳後襟滚皺了許多一路低着頭替他扯了幾十回到了家門屠戸高聲叫道老爺回府了老太太迎著出來見兒子不瘋喜從天降衆人問報錄的已是家裏把屠戸送來的幾千錢打發他們去了范進拜

了母親也拜謝丈人胡屠戶再三不安道些須幾个錢不勾你賞人范進又謝了鄰居正待坐下早看見一个體面的管家手裏拏着一个大紅全帖飛跑了進來張老爺來拜新中的范老爺說畢轎子已是到了門口胡屠戶忙躲進女兒房裏不敢出來鄰居各自散了范進迎了出去只見那張鄉紳下了轎進來頭帶紗帽身穿葵花色員領金帶皂靴他是舉人出身做過一任知縣的別號靜齋同范進讓了進來到堂屋

內平磕了頭分賓主坐下張鄉紳先攀談道世先生同在桑梓一向有失親近范進道晚生久仰老先生只是無緣不曾拜會張鄉紳道適纔看見題名錄貴房師高要縣湯公就是先祖的門生我和你是親切的世弟兄范進道晚生徼倖實是有愧却幸得出老先生門下可爲欣喜張鄉紳四面將眼睛望了一望說道世先生果是清貧隨在跟的家人手裏拏過一封銀子來說道弟却也無以爲敬謹具賀儀五十兩世先

生權且收着這華居其實住不得將來當事拜往俱不甚便弟有空房一所就在東門大街上三進三間雖不軒敞也還乾淨就送與世先生搬到那裏去住早晚也好請教些范進再三推辭張鄉紳急了道你我年誼世好就如至親骨月一般若要如此就是見外了范進方纔把銀子收下作揖謝了又說了一會打躬作別胡屠戶直等他上了轎纔敢走出堂屋來范進即將這銀子交與渾家打開看一封一封雪白的細

絲錠子即便包了兩錠叫胡屠戶進來遞與他道方纔費老爹的心拿了五千錢來這六兩多銀子老爹拿了去屠戶把銀子攥在手裏緊緊的把拳頭舒過來道這个你且收着我原是賀你的怎好又拿了回去范進道眼見得我這裏還有這幾兩銀子若用完了再來問老爹討來用屠戶連忙把拳頭縮了回去往腰裏揣口裏說道也罷你而今相與了這个張老爺何愁沒有銀子用他家裏的銀子說起來比皇帝家還

多些哩他家就是我賣肉的主顧一年就是無事肉也要用四五千斤銀子何足爲奇又轉回頭來望着女兒說道我早上拏了錢來你那該死行瘟的兄弟還不肯我說姑老爺今非昔比少不得有人把銀子送上門來給他用只怕姑老爺還不希罕今日果不其然如今拏了銀子家去罵這死砍頭短命的奴才說了一會千恩萬謝低着頭笑迷迷的去了自此以後果然有許多人來奉承他有送田產的有人送店房的

還有那些破落戶兩口子來投身爲僕圖蔭庇的到兩三个月范進家奴僕丫鬟都有了錢米是不消說了張鄉紳家又來催着搬家搬到新房子裏唱戲擺酒請客一連三日到第四日上老太太起來喫過點心走到第三進房子內見范進的娘子胡氏家常戴着銀絲鬏髻此時是十月中旬天氣尚暖穿着天青緞套官綠的緞裙督率着家人媳婦丫鬟洗碗盞杯箸老太太看了說道你們嫂嫂姑娘們要仔細些這都是

别人家的東西不要弄壞了家人媳婦道老太太那裏是别人的都是你老人家的老太太笑道我家怎的有這些東西了鬟和媳婦一齊都說道怎麽不是豈但這个東西是連我們這些人和這房子都是你老太太家的老太太聽了把細磁碗盞和銀鑲的杯盤逐件看了一徧哈哈大笑道這都是我的了大笑一聲往後便跌倒忽然痰湧上來不醒人事只因這一番有分教會試舉人變作秋風之客多事貢生長爲輿訟之人不知老太太性命如何且聽下回分解

見了號板痛哭至于嘔血乃窮老腐儒受盡畢生辛苦如梅三相王大爺等相遭不知幾輩至此一齊提出心頭其見解不過如此非如阮嗣宗沈初明一流人别有傷心處也

金有餘以及衆客人何其可感也天下極豪俠極義氣的事偏是此輩不讀書不做官的人做得來此是作者微辭亦是世間真事

周進之爲人本無足取胷中大概除墨卷之

外了無所有閱文如此之鈍拙則作文之鈍拙可知空中白描出晚遇之故文筆心細如髮

于閱范進文時卽順手夾出一个魏好古文字始有波折譬如古人作書必求筆筆有致不肯作秝條巴子樣式也

舉業雜覽四个字後文有無限發揮卻於此處閒閒伏案文筆如千里來龍蜿蜒夭矯輕輕點出一胡屠戶其人其事之妙一至于

此真令閱者歎賞叫絕余友云慎毋讀儒林外史讀竟乃覺日用酬酢之間無往而非儒林外史此如鑄鼎象物魑魅魍魎毛髮畢現

范進進學大鬮餅酒是胡老爹自攜來臨去是披着衣服腆着肚子范進中舉七八斤肉四五千錢是二漢送來臨去是低着頭笑迷迷的前後映帶文章謹嚴之至

胡老爹之言未可厚非其罵范進時正是愛

范進處特其氣質如此是以立言如此此耳細

觀之原無甚可惡也

周府張府妙在都從胡老爹口中一一帶出

真有蛛絲馬跡之妙

張靜齋一見面便贈銀贈屋似是一个慷慨

好交遊的人究竟是个極鄙陋不堪的作者

之筆其爲文也如雪因方成珪遇圓成璧又

如水盂圓則圓盂方則方